Fire Engine is Flashing

Mandy Archer

Illustrated by Martha Lightfoot

The sun rises over the fire station.
Fire Engine waits behind the big red doors.

It is very quiet. Upstairs, the crew are sleeping.

Only Fox keeps one eye open.

The fire alarm starts ringing.

Fox leaps out of bed.

BBBRRRRIIIINNG!

Firefighters rush
to pull on **boots**
and buckle up **coats**.

Fox is first to slide
down the pole.

Fire Engine is ready to **go!**

Hurry, **hurry!**

Fox grabs his **helmet** and climbs into the **driver's cab.**

Fox flicks **switches** and pulls **levers**.

Fire Engine's motor
starts to **rumble**
and
shake.

The fire station doors **spring open.**
Lights shine **bright.**

VROOM!
VROOM!

Fire Engine ZOOMS out.
This is an **emergency!**

Fire Engine **races** through the streets.

Sirens **wail.**
Red lights
flash.

The **Commander**
speaks to Fox
on the radio.

NEE-NAW!
NEE-NAW!

There's a fire blazing in an apartment
block! Fire Engine goes even faster.

Fire Engine **screeches** to a stop outside the apartment block.

Flames lick the building and **smoke** billows out.

Fox quickly **unrolls** Fire Engine's **hose**.

Fox finds a **hydrant** and connects up the **hose.**

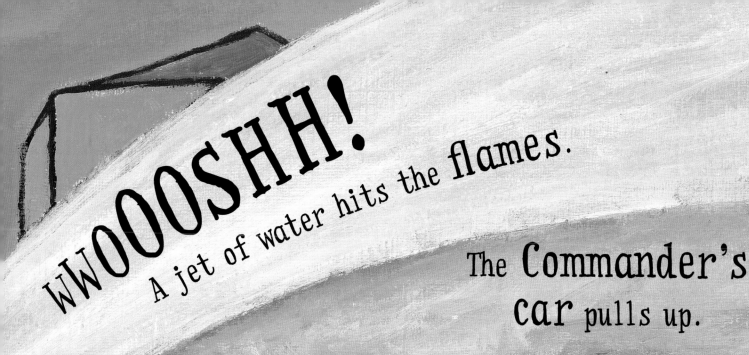

WWOOOSHH!
A jet of water hits the flames.

The **Commander's car** pulls up.

He points to the top floor -
somebody is **stuck inside!**

The crew unfold Fire Engine's **ladder**. There's not a second to lose!

Fox puts on his **mask** and **air-tank**. The smoke will make it hard to breathe.

Fox climbs to the top of the **ladder**.

It is **very hot** and there is lots of **smoke**.

CRACKLE!

CRACKLE!

The **police** hold everyone back to keep them safe.

A lady waves from the top-floor window.

It will be difficult
to reach her.

Fire Engine needs
to move closer.

Fire Engine **edges** back
a bit. The ladder goes
up again.

Now Fox can reach!

He carefully **breaks** the **glass**
and carries the lady out.

The crowd give a big cheer!

When the last flame has gone out,
the firefighters put away their
tools and wind up the hose.

The **fire crew** drive back to the station.
It's been a **busy** day!

HONK! HONK!

Fox is very **proud** of Fire Engine!

Let's look at
Fire Engine

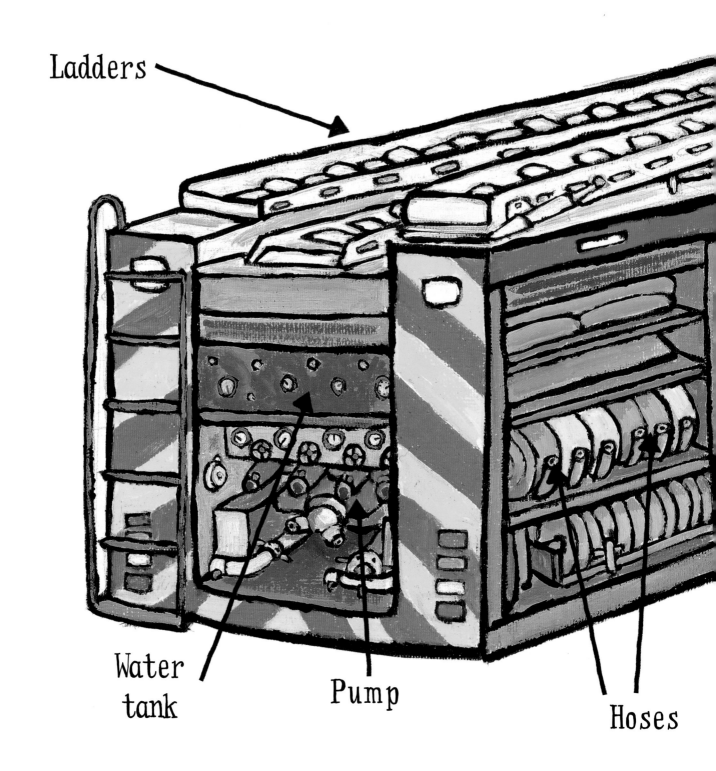

Ladders

Water tank

Pump

Hoses

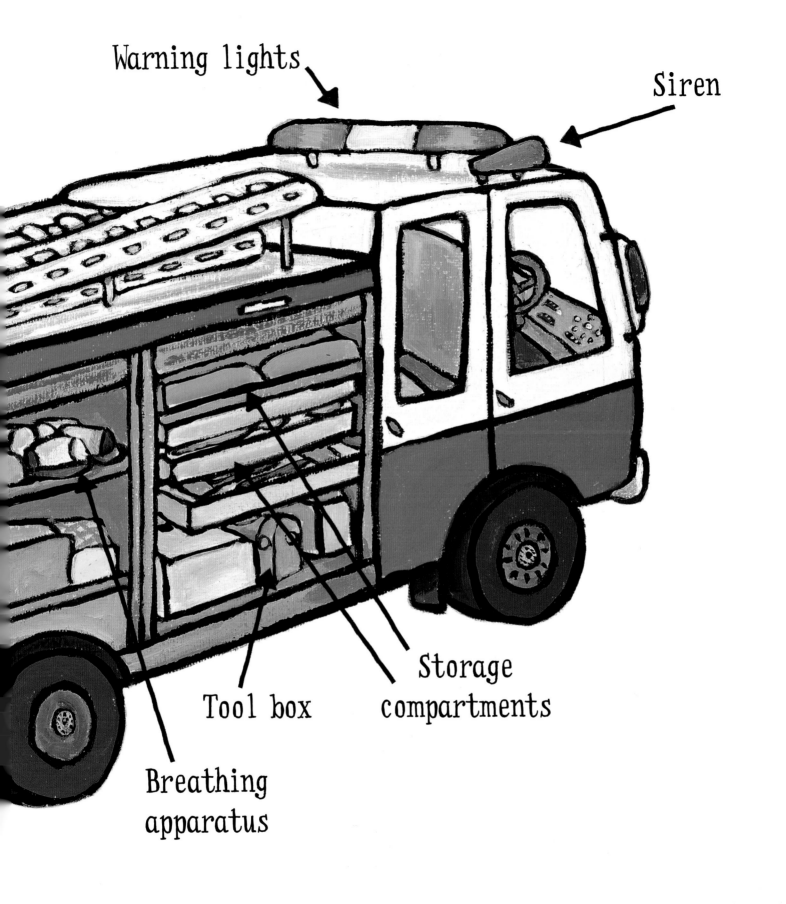

Warning lights

Siren

Tool box

Storage compartments

Breathing apparatus

Other Emergency Machines

Police car

Fire bike

Ambulance

Commander's car

For Tamar M. L.

Quarto is the authority on a wide range of topics.

Quarto educates, entertains and enriches the lives of our readers—enthusiasts and lovers of hands-on living.

www.quartoknows.com

Designer: Plum Pudding Design

First published in the UK in 2012 by QED Publishing
Part of The Quarto Group
The Old Brewery, 6 Blundell Street
London, N7 9BH

A catalogue record for this book is available from the British Library.

ISBN: 978 1 78493 018 9

Printed in China

CBAC TGAU HANES

Oes Elisabeth
1558–1603

Dirwasgiad, Rhyfel ac Adferiad
1930–1951

R. Paul Evans
Steve May

CBAC TGAU Hanes: Oes Elisabeth, 1558–1603 a Dirwasgiad, Rhyfel ac Adferiad, 1930–1951

Addasiad Cymraeg o *WJEC GCSE History: The Elizabethan Age, 1558–1603 and Depression, War and Recovery, 1930–1951* a gyhoeddwyd yn 2017 gan Hodder Education

Ariennir yn Rhannol gan
Lywodraeth Cymru
Part Funded by
Welsh Government

Cyhoeddwyd dan nawdd Cynllun Adnoddau Addysgu a Dysgu CBAC

Gwnaed pob ymdrech i olrhain pob deiliad hawlfraint, ond os oes rhai wedi'u hesgeuluso'n anfwriadol, bydd y Cyhoeddwr yn barod i wneud y trefniadau angenrheidiol ar y cyfle cyntaf.

Ymdrechwyd i sicrhau bod cyfeiriadau gwefannau yn gywir adeg mynd i'r wasg, ond ni ellir dal Hodder Education yn gyfrifol am gynnwys unrhyw wefan a grybwyllir yn y llyfr hwn. Mae weithiau'n bosibl dod o hyd i dudalen we a adleolwyd trwy deipio cyfeiriad tudalen gartref gwefan yn ffenestr LlAU (*URL*) eich porwr.

Polisi Hachette UK yw defnyddio papurau sy'n gynhyrchion naturiol, adnewyddadwy ac ailgylchadwy o goed a dyfwyd mewn coedwigoedd cynaliadwy. Disgwylir i'r prosesau torri coed a chynhyrchu papur gydymffurfio â rheoliadau amgylcheddol y wlad y mae'r cynnyrch yn tarddu ohoni.

Archebion: cysylltwch â Bookpoint Ltd, 130 Milton Park, Abingdon, Oxon OX14 4SB. Ffôn: +44 (0)1235 827720. Ffacs: +44 (0)1235 400454. E-bost education@bookpoint.co.uk Mae'r llinellau ar agor o 9 a.m. tan 5 p.m., rhwng dydd Llun a dydd Sadwrn, gyda gwasanaeth ateb negeseuon 24 awr. Gallwch hefyd archebu trwy ein gwefan: www.hoddereducation.co.uk

ISBN: 978 1 5104 1715 1

© R. Paul Evans, Steve May 2017 (yr Argraffiad Saesneg)

© CBAC (yr Argraffiad Cymraeg hwn)

Cyhoeddwyd am y tro cyntaf yn 2017 gan
Hodder Education,
An Hachette UK Company
Carmelite House
50 Victoria Embankment
London EC4Y 0DZ

www.hoddereducation.co.uk

Rhif argraffiad   10 9 8 7 6 5 4 3 2 1

Blwyddyn   2021   2020   2019   2018   2017

Ffotograff y clawr © Morphart Creation – Shutterstock, © World History Archive / TopFoto

Cysodwyd yn India gan Aptara Inc.

Argraffwyd yn yr Eidal

Mae cofnod catalog ar gyfer y teitl hwn ar gael gan y Llyfrgell Brydeinig.

CYNNWYS

Cyflwyniad

Ynglŷn â'r cwrs

Yn ystod y cwrs hwn mae'n rhaid i chi astudio **pedair** uned, ac mae pob un yn cyfrannu pwysoliad gwahanol i'r cymhwyster TGAU:

- **Uned 1** Astudiaethau Manwl (Cymru a'r persbectif ehangach) – pwysoliad o 25 y cant o'r cymhwyster TGAU
- **Uned 2** Astudiaethau Manwl (Hanes yn canolbwyntio ar Ewrop/y byd) – pwysoliad o 25 y cant o'r cymhwyster TGAU
- **Uned 3** Astudiaeth Thematig, sy'n cynnwys astudiaeth o safle hanesyddol – pwysoliad o 30 y cant o'r cymhwyster TGAU
- **Uned 4** Gweithio fel hanesydd – Asesiad Di-arholiad – pwysoliad o 20 y cant o'r cymhwyster TGAU

Bydd yr astudiaethau hyn yn cael eu hasesu drwy dri phapur arholiad ac un uned ddi-arholiad.

Mae Unedau 1 a 2 yn cynnwys un arholiad awr o hyd yr un sy'n cynnwys cyfres o gwestiynau gorfodol. Bydd y rhain yn canolbwyntio ar ddadansoddi a gwerthuso ffynonellau a dehongliadau hanesyddol, yn ogystal â phrofi cysyniadau hanesyddol trefn dau.

Mae Uned 3 yn cynnwys arholiad 1 awr 15 munud o hyd sy'n cynnwys cyfres o gwestiynau gorfodol. Bydd y rhain yn canolbwyntio ar gysyniadau hanesyddol trefn dau fel parhad, newid, achos, canlyniad, arwyddocâd, tebygrwydd a gwahaniaeth.

Bydd Uned 4 yn cynnwys asesiad di-arholiad. Bydd yn cynnwys cwblhau dwy dasg, un yn canolbwyntio ar werthuso ffynonellau a'r llall yn canolbwyntio ar ffurfio dehongliadau hanesyddol gwahanol o hanes.

Ynglŷn â'r llyfr

Mae'r llyfr hwn yn ymdrin â dau opsiwn ar gyfer Uned 1 Astudiaethau Manwl – Cymru a'r persbectif ehangach:

- Opsiwn 1A: Oes Elisabeth, 1558–1603
- Opsiwn 1C: Dirwasgiad, Rhyfel ac Adferiad, 1930–1951

Dim ond **un** o'r opsiynau hyn bydd yn rhaid i chi ei astudio.

Sut bydd y llyfr hwn yn eich helpu gyda TGAU Hanes CBAC

Bydd yn eich helpu i ddysgu'r cynnwys

Mae nifer o fyfyrwyr yn poeni na fyddan nhw'n gwybod digon i ateb y cwestiynau yn yr arholiad. Mae'r **testun gan yr awdur** yn esbonio'r cynnwys allweddol yn glir ac yn eich helpu i ddeall pob pwnc. Mae pob pennod yn rhoi lefel addas o wybodaeth a manylion sydd eu hangen arnoch er mwyn eich helpu i roi atebion manwl ar gyfer yr arholiad.

Mae'r llyfr yn llawn **ffynonellau**. Mae hanes ar ei orau pan allwch chi weld beth gwnaeth pobl go iawn ei ddweud a'i wneud, ei deimlo a'i wylio. Gall ffynonellau fod o help mawr i chi ddeall y stori'n well a'i chofio gan eu bod nhw'n eich helpu i weld beth roedd y materion yn eu golygu i bobl ar y pryd.

Mae'r **gweithgareddau** yn awgrymu pa bethau dylech chi sylwi arnyn nhw neu feddwl amdanyn nhw yn y ffynonellau a'r testun. Maen nhw hefyd yn eich helpu i ymarfer y sgiliau dadansoddol sydd eu hangen i wella ym maes hanes.

Mae pob pennod yn cynnwys **termau allweddol** sy'n eich helpu i ddeall ystyr y geiriau, er mwyn i chi allu eu deall a'u defnyddio yn hyderus wrth ysgrifennu am y pwnc. Maen nhw i gyd wedi'u diffinio mewn Geirfa ar dudalennau 198–200.

Bydd yn eich helpu i baratoi at eich arholiad

Mae'r cwestiynau ymarfer yn y llyfr yn gwestiynau tebyg i rai arholiad sy'n rhoi cyfle i chi ymarfer sgiliau arholiad.

Mae'r arweiniad ar arholiadau ar ddiwedd pob uned (tudalennau 106–114 ar gyfer Oes Elisabeth, 1558–1603, a thudalennau 189–197 ar gyfer Dirwasgiad, Rhyfel ac Adferiad, 1930–51) yn cynnwys papur arholiad enghreifftiol yn ogystal ag arweiniad cam wrth gam, atebion enghreifftiol a chyngor ar sut i ateb mathau penodol o gwestiynau yn y papur Astudiaethau Manwl – Cymru a'r persbectif ehangach.

Oes Elisabeth,
1558–1603

1 Llywodraeth Elisabeth

Cwestiwn allweddol: Pa mor llwyddiannus oedd llywodraeth Elisabeth I?

Cyflwyniad: Bywyd Elisabeth cyn iddi ddod yn frenhines

Pan ddaeth Elisabeth I i'r orsedd yn 1558, hi oedd y bumed o'r Tuduriaid i deyrnasu. Harri Tudur, tad-cu neu daid Elisabeth I, oedd wedi sefydlu llinach y Tuduriaid. Roedd wedi dod i'r orsedd yn 1485 ar ôl trechu Richard III ym Mrwydr Bosworth, y frwydr ddaeth â Rhyfeloedd y Rhosynnod i ben. Dan yr enw Harri VII, teyrnasodd tan ei farwolaeth yn 1509 pan gafodd ei olynu gan ei fab, Harri VIII. Cafodd hwnnw ei olynu yn ei dro gan Edward VI, ei fab, ac yna Mari ac Elisabeth, ei ddwy ferch (gweler Ffigur 1.1).

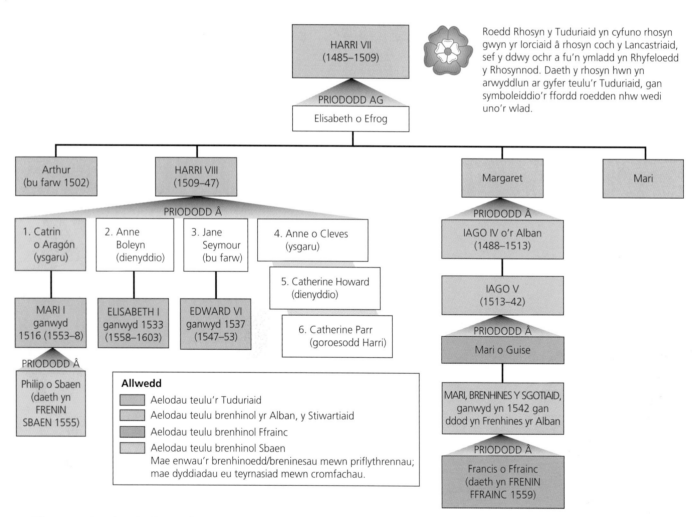

Roedd Rhosyn y Tuduriaid yn cyfuno rhosyn gwyn yr Iorciaid â rhosyn coch y Lancastriaid, sef y ddwy ochr a fu'n ymladd yn Rhyfeloedd y Rhosynnod. Daeth y rhosyn hwn yn arwyddlun ar gyfer teulu'r Tuduriaid, gan symboleiddio'r ffordd roedden nhw wedi uno'r wlad.

Allwedd
- Aelodau teulu'r Tuduriaid
- Aelodau teulu brenhinol yr Alban, y Stiwartiaid
- Aelodau teulu brenhinol Ffrainc
- Aelodau teulu brenhinol Sbaen
- Mae enwau'r brenhinoedd/breninesau mewn priflythrennau; mae dyddiadau eu teyrnasiad mewn cromfachau.

▲ Ffigur 1.1: Coeden deulu'r Tuduriaid

Harri VIII a'i wragedd

Mae Harri VIII yn enwog am iddo briodi chwe gwaith. Y prif gymhelliant dros briodi o hyd oedd bod Harri VIII yn daer eisiau etifedd gwrywaidd i'r goron. Drwy ei briodas gyntaf â thywysoges o Sbaen, Catrin o Aragón, cafodd un ferch, sef Mari. Yn 1527, syrthiodd Harri mewn cariad ag Anne Boleyn, pendefiges ifanc. Er mwyn gallu ei phriodi hi, roedd angen iddo ysgaru â Catrin. Felly aeth Harri at y Pab, gan mai ef oedd pennaeth yr Eglwys Gatholig Rufeinig, i ofyn iddo ganiatáu'r ysgariad. Gwrthododd y Pab. Yn 1533, pan aeth Anne yn feichiog, a hithau'n ddibriod, penderfynodd Harri dorri'n rhydd o'r Eglwys Gatholig Rufeinig a chreu Eglwys Loegr gydag ef ei hun yn ben arni. Felly roedd yn gallu caniatáu ysgariad iddo ef ei hun, a phriodi Anne.

Ar 7 Medi 1533 ganwyd merch i Anne. Cafodd ei galw'n Elisabeth ar ôl mam Harri, Elisabeth o Efrog. Yn 1536, ganwyd ail blentyn i Anne. Bachgen oedd hwn, ond bu farw wrth gael ei eni. Pan ddaeth Harri i wybod bod Anne yn gyfeillgar iawn â rhai o wŷr y llys, fe wnaeth ef ei hanfon hi i Dŵr Llundain a diddymu'r briodas. Ar ôl ymchwiliad, cafodd hi ei datgan yn euog o gyflawni godineb a brad, a gorchmynnodd Harri iddi gael ei dienyddio. Ar ôl marwolaeth ei mam, a hithau dim ond yn ddwy oed, cafodd Elisabeth ei datgan yn blentyn anghyfreithlon. Roedd hyn yn golygu nad oedd ganddi hawl i'r goron bellach.

Yn 1537 priododd Harri â Jane Seymour, ei drydedd wraig. Ym mis Hydref y flwyddyn honno, ganwyd mab o'r enw Edward iddi hi. Ond bu farw Jane rai dyddiau'n ddiweddarach. Byddai Harri yn priodi dair gwaith eto. Ei chweched wraig oedd Catherine Parr, merch Syr Thomas Parr, pendefig cyfoethog o ogledd Lloegr.

Ar ôl treulio'r rhan fwyaf o'i bywyd yn cael ei symud o un tŷ i'r llall, aeth Elisabeth, oedd yn ddeng mlwydd oed bellach, i fyw gyda'i thad a Catherine, ei frenhines newydd, yn ogystal ag Edward, ei hanner brawd. Cafodd y ddau blentyn eu magu yn Brotestaniaid.

Edward VI

Yn 1547, bu farw Harri a chafodd ei olynu gan ei fab naw mlwydd oed, ac fe ddaeth yntau yn Edward VI. Gan fod Edward yn rhy ifanc i deyrnasu ar ei ben ei hun, ei gynghorwyr oedd yn gwneud y penderfyniadau pwysig. Roedd hyn yn cynnwys troi Eglwys Loegr yn fwy Protestannaidd. Roedd rhai Catholigion ffyddlon yn poeni am hyn. Roedd Elisabeth, oedd yn bymtheg oed erbyn hyn, yn byw gyda Catherine Parr, ei llysfam Brotestannaidd. Ond pan fu Catherine farw flwyddyn yn ddiweddarach, yn 1548, sylweddolodd y dywysoges ifanc ei bod hi ar ei phen ei hun.

Mari I

Yn 1553, bu farw Edward ac yntau ddim ond yn bymtheg oed. Roedd wastad wedi bod yn blentyn eithaf gwan a sâl. Nawr aeth yr orsedd i Mari, ei hanner chwaer hŷn. Roedd hi'n glynu'n gaeth at y ffydd Gatholig Rhufeinig. Cyn hir, dechreuodd y Frenhines Mari I ddad-wneud y newidiadau crefyddol oedd wedi cael eu gwneud yn ystod teyrnasiad Edward. Fe wnaeth hi'r grefydd Gatholig yn brif ffydd y wlad. Os oedd Protestaniaid yn gwrthod troi at y ffydd Gatholig, roedden nhw'n cael eu cosbi, a chafodd rhai protestwyr amlwg eu llosgi wrth y stanc (*stake*).Roedd y rhain yn cynnwys yr Archesgob Cranmer a'r esgobion Protestannaidd Latimer a Ridley. Yn 1554, cyhoeddodd Mari ei bod yn bwriadu priodi ei chefnder, y Brenin Philip II o Sbaen, un o frenhinoedd Catholig cryfaf Ewrop. Cychwynnodd hi Erledigaeth Mari hefyd, oedd yn gorfodi pobl i gadw'r ffydd Gatholig Rufeinig neu wynebu cosbau llym. Cyn hir, daeth ei gweithredoedd yn amhoblogaidd iawn gan lawer o Brotestaniaid.

▲ Harri VIII, wedi'i beintio gan un o ddilynwyr Hans Holbein yr Ieuengaf yn yr unfed ganrif ar bymtheg

▲ Edward VI, wedi'i beintio gan Hans Holbein, 1543

▲ Mari I, wedi'i pheintio gan Master John, c.1554

Dehongliad 1: J. E. Neale, hanesydd oedd yn arbenigo yn hanes y Tuduriaid, yn ysgrifennu yn ei fywgraffiad, *Queen Elizabeth*, gafodd ei gyhoeddi yn 1934.

Doedd gan Mari ddim unrhyw amheuaeth fod Elisabeth yn rhan o'r cynllwyn, a phe bai hi'n bosibl profi hyn, doedd dim llawer o obaith iddi gael trugaredd. Cafodd Wyatt ac eraill eu holi a'u holi eto am dystiolaeth i'w chael yn euog. Gwelodd rhywun fod Wyatt wedi ysgrifennu ati ddwywaith a'i fod wedi cael atebion ganddi, ond dim ond rhai ar lafar oedden nhw a doedden nhw'n ddim o werth. Efallai nad ei negeseuon hi oedden nhw hyd yn oed, oherwydd roedd rhai o'i gweision wedi bod yn rhan o'r cynllwyn, a doedd dim ffordd o wybod sut bydden nhw wedi defnyddio'i henw hi.

GWEITHGAREDDAU ?

1 Gan ddefnyddio'r wybodaeth ar dudalennau 5–8, lluniwch linell amser yn cwmpasu'r cyfnod o 1533 i 1603.
   a) Nodwch y digwyddiadau allweddol ym mywyd Elisabeth hyd at fis Tachwedd 1558.
   b) Wrth i chi symud drwy benodau'r llyfr hwn, gallwch chi ychwanegu digwyddiadau eraill at y llinell hon.
2 Astudiwch Ffynhonnell A. Pa ddelwedd o Elisabeth mae'r arlunydd yn ceisio ei phortreadu, yn eich barn chi?

Cwestiwn ymarfer

Astudiwch Ddehongliad 1. I ba raddau rydych chi'n cytuno â'r dehongliad nad oedd gan Elisabeth lawer o gysylltiad â Chynllwyn Wyatt? *(I gael arweiniad, gweler tudalennau 113–114.)*

Safle Elisabeth o dan deyrnasiad Mari

Gan ei bod hi'n Brotestant, roedd hwn yn gyfnod anodd i Elisabeth, yn enwedig ar ôl i wrthryfel Protestannaidd ddechrau yn 1554 o dan arweiniad Syr Thomas Wyatt. Roedd pobl yn amau bod gan Elisabeth ran yn y cynllwyn, a gorchmynnodd Mari iddi gael ei harestio a'i charcharu yn Nhŵr Llundain. Cafodd hi ei chyhuddo o frad, a'r gosb am hyn oedd marwolaeth.

Gan nad oedd digon o dystiolaeth i gysylltu Elisabeth â Chynllwyn Wyatt, cafodd hi ei rhyddhau o'r Tŵr a'i symud i Dŷ Woodstock yn Swydd Rhydychen, lle roedd hi'n cael ei gwylio'n ofalus. Yn ddiweddarach, cafodd hi ei symud i Dŷ Hatfield yn Swydd Hertford, lle bu Syr William Cecil yn ei chynghori. Yno, ar 17 Tachwedd 1558, y cafodd hi'r newyddion fod Mari wedi marw ac mai hi bellach oedd brenhines Cymru a Lloegr. Roedd hi'n 25 mlwydd oed.

▲ **Ffynhonnell A:** Portread o'r dywysoges Elisabeth yn ferch ifanc, wedi'i beintio yn 1545. Caiff ei dangos yn cydio yn ei llyfr gweddi Protestannaidd